Si se pierde, regrese a:

Nombre:_____

Apellido:_____

Email:_____

Cuando comencé a contar mis bendiciones,
toda mi vida dio la vuelta

-Willie Nelson

Diario de gratitud

Fecha:	Día:

El mejor momento de hoy:

_____

_____

_____

_____

Cosas por las que estoy agradecido hoy:

1._____

2._____

3._____

Alguien por quien estoy agradecido hoy:

_____

porque _____

_____

Notas:

Diario de gratitud

Fecha:	Día:

El mejor momento de hoy:

_____
_____
_____
_____

Cosas por las que estoy agradecido hoy:

1._____
2._____
3._____

Alguien por quien estoy agradecido hoy:

_____

porque _____

_____

Notas:

Diario de gratitud

Fecha:	Día:

El mejor momento de hoy:

_____
_____
_____
_____

Cosas por las que estoy agradecido hoy:

1._____
2._____
3._____

Alguien por quien estoy agradecido hoy:

_____
porque _____
_____

Notas:

Diario de gratitud

Fecha:	Día:

El mejor momento de hoy:

_____

_____

_____

_____

Cosas por las que estoy agradecido hoy:

1._____

2._____

3._____

Alguien por quien estoy agradecido hoy:

_____

porque _____

_____

Notas:

Diario de gratitud

Fecha:	Día:

El mejor momento de hoy:

_____
_____
_____
_____

Cosas por las que estoy agradecido hoy:

1._____
2._____
3._____

Alguien por quien estoy agradecido hoy:

_____
porque _____
_____

Notas:

Diario de gratitud

Fecha:	Día:

El mejor momento de hoy:

_____
_____
_____
_____

Cosas por las que estoy agradecido hoy:

1._____
2._____
3._____

Alguien por quien estoy agradecido hoy:

_____

porque _____

_____

Notas:

Diario de gratitud

Fecha:	Día:

El mejor momento de hoy:

_____
_____
_____
_____

Cosas por las que estoy agradecido hoy:

1._____
2._____
3._____

Alguien por quien estoy agradecido hoy:

_____
porque _____
_____

Notas:

Diario de gratitud

Fecha: _____ **Día:** _____

El mejor momento de hoy:

_____

_____

_____

_____

Cosas por las que estoy agradecido hoy:

1._____
2._____
3._____

Alguien por quien estoy agradecido hoy:

_____

porque _____

_____

Notas:

Diario de gratitud

El mejor momento de hoy:

_____

_____

_____

_____

Cosas por las que estoy agradecido hoy:

1._____

2._____

3._____

Alguien por quien estoy agradecido hoy:

_____

porque _____

_____

Notas:

Diario de gratitud

Fecha:	Día:

El mejor momento de hoy:

_____
_____
_____
_____

Cosas por las que estoy agradecido hoy:

1._____
2._____
3._____

Alguien por quien estoy agradecido hoy:

_____

porque _____

_____

Notas:

Diario de gratitud

Fecha: Día:

El mejor momento de hoy:

_____
_____
_____
_____

Cosas por las que estoy agradecido hoy:

1._____
2._____
3._____

Alguien por quien estoy agradecido hoy:

_____

porque _____

_____

Notas:

Diario de gratitud

Fecha:	Día:

El mejor momento de hoy:

_____
_____
_____
_____

Cosas por las que estoy agradecido hoy:

1._____
2._____
3._____

Alguien por quien estoy agradecido hoy:

_____
porque _____
_____

Notas:

Diario de gratitud

Fecha: Día:

El mejor momento de hoy:

_____
_____
_____
_____

Cosas por las que estoy agradecido hoy:

1._____
2._____
3._____

Alguien por quien estoy agradecido hoy:

_____

porque _____

_____

Notas:

Diario de gratitud

Fecha:	Día:

El mejor momento de hoy:

_____

_____

_____

_____

Cosas por las que estoy agradecido hoy:

1._____

2._____

3._____

Alguien por quien estoy agradecido hoy:

_____

porque _____

_____

Notas:

Diario de gratitud

Fecha: _____ Día: _____

El mejor momento de hoy:

_____
_____
_____
_____

Cosas por las que estoy agradecido hoy:

1._____
2._____
3._____

Alguien por quien estoy agradecido hoy:

_____

porque _____
_____

Notas:

Diario de gratitud

Fecha: _____ Día: _____

El mejor momento de hoy:

_____
_____
_____
_____

Cosas por las que estoy agradecido hoy:

1._____
2._____
3._____

Alguien por quien estoy agradecido hoy:

_____

porque _____
_____

Notas:

Diario de gratitud

Fecha:	Día:

El mejor momento de hoy:

_____
_____
_____
_____

Cosas por las que estoy agradecido hoy:

1._____
2._____
3._____

Alguien por quien estoy agradecido hoy:

_____

porque _____

_____

Notas:

Diario de gratitud

Fecha: _____   Día: _____

El mejor momento de hoy:

_____

_____

_____

_____

Cosas por las que estoy agradecido hoy:

1._____

2._____

3._____

Alguien por quien estoy agradecido hoy:

_____

porque _____

_____

Notas:

Diario de gratitud

Fecha: Día:

El mejor momento de hoy:

_____

_____

_____

_____

Cosas por las que estoy agradecido hoy:

1._____

2._____

3._____

Alguien por quien estoy agradecido hoy:

_____

porque _____

_____

Notas:

Diario de gratitud

Fecha: **Día:**

El mejor momento de hoy:

_____

_____

_____

_____

Cosas por las que estoy agradecido hoy:

1._____

2._____

3._____

Alguien por quien estoy agradecido hoy:

_____

porque _____

_____

Notas:

Diario de gratitud

Fecha:	Día:

El mejor momento de hoy:

_____

_____

_____

_____

Cosas por las que estoy agradecido hoy:

1._____

2._____

3._____

Alguien por quien estoy agradecido hoy:

_____

porque _____

_____

Notas:

Diario de gratitud

Fecha: Día:

El mejor momento de hoy:

_____
_____
_____
_____

Cosas por las que estoy agradecido hoy:

1._____
2._____
3._____

Alguien por quien estoy agradecido hoy:

_____

porque _____

_____

Notas:

Diario de gratitud

Fecha:	Día:

El mejor momento de hoy:

_____
_____
_____
_____

Cosas por las que estoy agradecido hoy:

1._____
2._____
3._____

Alguien por quien estoy agradecido hoy:

_____
porque _____
_____

Notas:

```



```

Diario de gratitud

Fecha:	Día:

El mejor momento de hoy:

_____

_____

_____

_____

Cosas por las que estoy agradecido hoy:

1._____

2._____

3._____

Alguien por quien estoy agradecido hoy:

_____

porque _____

_____

Notas:

Diario de gratitud

Fecha:	Día:

El mejor momento de hoy:

_____
_____
_____
_____

Cosas por las que estoy agradecido hoy:

1._____
2._____
3._____

Alguien por quien estoy agradecido hoy:

_____
porque _____
_____

Notas:

Diario de gratitud

Fecha:	Día:

El mejor momento de hoy:

_____
_____
_____
_____

Cosas por las que estoy agradecido hoy:

1._____
2._____
3._____

Alguien por quien estoy agradecido hoy:

_____
porque _____

_____

Notas:

Diario de gratitud

Fecha:	Día:

El mejor momento de hoy:

_____

_____

_____

_____

Cosas por las que estoy agradecido hoy:

1._____

2._____

3._____

Alguien por quien estoy agradecido hoy:

_____

porque _____

_____

Notas:

Diario de gratitud

Fecha: Día:

El mejor momento de hoy:

_____
_____
_____
_____

Cosas por las que estoy agradecido hoy:

1._____
2._____
3._____

Alguien por quien estoy agradecido hoy:

_____
porque _____
_____

Notas:

Diario de gratitud

Fecha:	Día:

El mejor momento de hoy:

_____
_____
_____
_____

Cosas por las que estoy agradecido hoy:

1._____
2._____
3._____

Alguien por quien estoy agradecido hoy:

_____

porque _____

_____

Notas:

Diario de gratitud

Fecha:	Día:

El mejor momento de hoy:

_____
_____
_____
_____

Cosas por las que estoy agradecido hoy:

1._____
2._____
3._____

Alguien por quien estoy agradecido hoy:

_____

porque _____

_____

Notas:

Diario de gratitud

Fecha:	Día:

El mejor momento de hoy:

_____
_____
_____
_____

Cosas por las que estoy agradecido hoy:

1._____
2._____
3._____

Alguien por quien estoy agradecido hoy:

_____

porque _____
_____

Notas:

Diario de gratitud

Fecha: _____ Día: _____

El mejor momento de hoy:

_____

_____

_____

_____

Cosas por las que estoy agradecido hoy:

1._____

2._____

3._____

Alguien por quien estoy agradecido hoy:

_____

porque _____

_____

Notas:

Diario de gratitud

Fecha:	Día:

El mejor momento de hoy:

_____
_____
_____
_____

Cosas por las que estoy agradecido hoy:

1._____
2._____
3._____

Alguien por quien estoy agradecido hoy:

_____

porque _____

_____

Notas:

Diario de gratitud

Fecha: _____ Día: _____

El mejor momento de hoy:

_____

_____

_____

_____

Cosas por las que estoy agradecido hoy:

1._____

2._____

3._____

Alguien por quien estoy agradecido hoy:

_____

porque _____

_____

Notas:

Diario de gratitud

Fecha: Día:

El mejor momento de hoy:

_____

_____

_____

_____

Cosas por las que estoy agradecido hoy:

1._____

2._____

3._____

Alguien por quien estoy agradecido hoy:

_____

porque _____

_____

Notas:

Diario de gratitud

Fecha: Día:

El mejor momento de hoy:

_____
_____
_____
_____

Cosas por las que estoy agradecido hoy:

1._____
2._____
3._____

Alguien por quien estoy agradecido hoy:

_____
porque _____
_____

Notas:

Diario de gratitud

Fecha:	Día:

El mejor momento de hoy:

_____
_____
_____
_____

Cosas por las que estoy agradecido hoy:

1._____
2._____
3._____

Alguien por quien estoy agradecido hoy:

_____

porque _____

_____

Notas:

Diario de gratitud

Fecha: _____ Día: _____

El mejor momento de hoy:

_____
_____
_____
_____

Cosas por las que estoy agradecido hoy:

1._____
2._____
3._____

Alguien por quien estoy agradecido hoy:

_____

porque _____

_____

Notas:

Diario de gratitud

Fecha: **Día:**

El mejor momento de hoy:

_____

_____

_____

_____

Cosas por las que estoy agradecido hoy:

1._____

2._____

3._____

Alguien por quien estoy agradecido hoy:

_____

porque _____

_____

Notas:

Diario de gratitud

El mejor momento de hoy:

_____
_____
_____
_____

Cosas por las que estoy agradecido hoy:

1._____
2._____
3._____

Alguien por quien estoy agradecido hoy:

_____

porque _____

_____

Notas:

Diario de gratitud

Fecha:	Día:

El mejor momento de hoy:

_____
_____
_____
_____

Cosas por las que estoy agradecido hoy:

1._____
2._____
3._____

Alguien por quien estoy agradecido hoy:

_____

porque _____

_____

Notas:

Diario de gratitud

Fecha: _____   Día: _____

El mejor momento de hoy:

_____
_____
_____
_____

Cosas por las que estoy agradecido hoy:

1._____
2._____
3._____

Alguien por quien estoy agradecido hoy:

_____

porque _____

_____

Notas:

Diario de gratitud

Fecha:	Día:

El mejor momento de hoy:

_____

_____

_____

_____

Cosas por las que estoy agradecido hoy:

1._____

2._____

3._____

Alguien por quien estoy agradecido hoy:

_____

porque _____

_____

Notas:

Diario de gratitud

Fecha: Día:

El mejor momento de hoy:

_____
_____
_____
_____

Cosas por las que estoy agradecido hoy:

1._____
2._____
3._____

Alguien por quien estoy agradecido hoy:

_____

porque _____

_____

Notas:

Diario de gratitud

Fecha: _____ Día: _____

El mejor momento de hoy:

_____
_____
_____
_____

Cosas por las que estoy agradecido hoy:

1._____
2._____
3._____

Alguien por quien estoy agradecido hoy:

_____
porque _____
_____

Notas:

Diario de gratitud

Fecha: _____ Día: _____

El mejor momento de hoy:

_____

_____

_____

_____

Cosas por las que estoy agradecido hoy:

1._____

2._____

3._____

Alguien por quien estoy agradecido hoy:

_____

porque _____

_____

Notas:

Diario de gratitud

Fecha:	Día:

El mejor momento de hoy:

_____
_____
_____
_____

Cosas por las que estoy agradecido hoy:

1._____
2._____
3._____

Alguien por quien estoy agradecido hoy:

_____

porque _____

_____

Notas:

Diario de gratitud

Fecha:	Día:

El mejor momento de hoy:

_____
_____
_____
_____

Cosas por las que estoy agradecido hoy:

1._____
2._____
3._____

Alguien por quien estoy agradecido hoy:

_____

porque _____

_____

Notas:

Diario de gratitud

Fecha:	Día:

El mejor momento de hoy:

_____
_____
_____
_____

Cosas por las que estoy agradecido hoy:

1._____
2._____
3._____

Alguien por quien estoy agradecido hoy:

_____

porque _____

_____

Notas:

Diario de gratitud

El mejor momento de hoy:

_____
_____
_____
_____

Cosas por las que estoy agradecido hoy:
1._____
2._____
3._____

Alguien por quien estoy agradecido hoy:
_____
porque _____
_____

Notas:

Diario de gratitud

Fecha:	Día:

El mejor momento de hoy:

_____
_____
_____
_____

Cosas por las que estoy agradecido hoy:

1._____
2._____
3._____

Alguien por quien estoy agradecido hoy:

_____

porque _____

_____

Notas:

Diario de gratitud

Fecha: _____ Día: _____

El mejor momento de hoy:

_____

_____

_____

_____

Cosas por las que estoy agradecido hoy:

1._____

2._____

3._____

Alguien por quien estoy agradecido hoy:

_____

porque _____

_____

Notas:

Diario de gratitud

Fecha:	Día:

El mejor momento de hoy:

_____
_____
_____
_____

Cosas por las que estoy agradecido hoy:

1._____
2._____
3._____

Alguien por quien estoy agradecido hoy:

_____

porque _____

_____

Notas:

Diario de gratitud

Fecha: _____ Día: _____

El mejor momento de hoy:

_____

_____

_____

_____

Cosas por las que estoy agradecido hoy:

1._____

2._____

3._____

Alguien por quien estoy agradecido hoy:

_____

porque _____

_____

Notas:

Diario de gratitud

Fecha: Día:

El mejor momento de hoy:

_____

_____

_____

_____

Cosas por las que estoy agradecido hoy:

1._____

2._____

3._____

Alguien por quien estoy agradecido hoy:

_____

porque _____

_____

Notas:

Diario de gratitud

Fecha:	Día:

El mejor momento de hoy:

_____
_____
_____
_____

Cosas por las que estoy agradecido hoy:

1._____
2._____
3._____

Alguien por quien estoy agradecido hoy:

_____

porque _____

_____

Notas:

Diario de gratitud

Fecha:	Día:

El mejor momento de hoy:

_____

_____

_____

_____

Cosas por las que estoy agradecido hoy:

1._____

2._____

3._____

Alguien por quien estoy agradecido hoy:

_____

porque _____

_____

Notas:

Diario de gratitud

Fecha: _____ Día: _____

El mejor momento de hoy:

_____

_____

_____

_____

Cosas por las que estoy agradecido hoy:

1._____

2._____

3._____

Alguien por quien estoy agradecido hoy:

_____

porque _____

_____

Notas:

Diario de gratitud

Fecha:	Día:

El mejor momento de hoy:

_____
_____
_____
_____

Cosas por las que estoy agradecido hoy:

1._____
2._____
3._____

Alguien por quien estoy agradecido hoy:

_____

porque _____

_____

Notas:

Diario de gratitud

Fecha: _____ Día: _____

El mejor momento de hoy:

_____

_____

_____

_____

Cosas por las que estoy agradecido hoy:

1._____

2._____

3._____

Alguien por quien estoy agradecido hoy:

_____

porque _____

_____

Notas:

Diario de gratitud

Fecha:	Día:

El mejor momento de hoy:

_____
_____
_____
_____

Cosas por las que estoy agradecido hoy:

1._____
2._____
3._____

Alguien por quien estoy agradecido hoy:

_____

porque _____
_____

Notas:

Diario de gratitud

Fecha: _____ Día: _____

El mejor momento de hoy:

_____

_____

_____

_____

Cosas por las que estoy agradecido hoy:

1._____

2._____

3._____

Alguien por quien estoy agradecido hoy:

_____

porque _____

_____

Notas:

Diario de gratitud

Fecha:	Día:

El mejor momento de hoy:

_____
_____
_____
_____

Cosas por las que estoy agradecido hoy:

1._____
2._____
3._____

Alguien por quien estoy agradecido hoy:

_____

porque _____

_____

Notas:

Diario de gratitud

El mejor momento de hoy:

_____
_____
_____
_____

Cosas por las que estoy agradecido hoy:

1._____
2._____
3._____

Alguien por quien estoy agradecido hoy:

_____

porque _____
_____

Notas:

Diario de gratitud

Fecha:	Día:

El mejor momento de hoy:

_____
_____
_____
_____

Cosas por las que estoy agradecido hoy:

1._____
2._____
3._____

Alguien por quien estoy agradecido hoy:

_____

porque _____

_____

Notas:

Diario de gratitud

Fecha: _____ Día: _____

El mejor momento de hoy:

_____

_____

_____

_____

Cosas por las que estoy agradecido hoy:

1._____

2._____

3._____

Alguien por quien estoy agradecido hoy:

_____

porque _____

_____

Notas:

Diario de gratitud

Fecha:	Día:

El mejor momento de hoy:

_____
_____
_____
_____

Cosas por las que estoy agradecido hoy:

1._____
2._____
3._____

Alguien por quien estoy agradecido hoy:

_____
porque _____
_____

Notas:

Diario de gratitud

Fecha: _____ Día: _____

El mejor momento de hoy:

_____

_____

_____

_____

Cosas por las que estoy agradecido hoy:

1._____

2._____

3._____

Alguien por quien estoy agradecido hoy:

_____

porque _____

_____

Notas:

Diario de gratitud

Fecha:	Día:

El mejor momento de hoy:

_____
_____
_____
_____

Cosas por las que estoy agradecido hoy:

1._____
2._____
3._____

Alguien por quien estoy agradecido hoy:

_____

porque _____
_____

Notas:

Diario de gratitud

Fecha:	Día:

El mejor momento de hoy:

_____
_____
_____
_____

Cosas por las que estoy agradecido hoy:

1._____
2._____
3._____

Alguien por quien estoy agradecido hoy:

_____

porque _____

_____

Notas:

Diario de gratitud

Fecha: _____ Día: _____

El mejor momento de hoy:

_____
_____
_____
_____

Cosas por las que estoy agradecido hoy:

1._____
2._____
3._____

Alguien por quien estoy agradecido hoy:

_____

porque _____

_____

Notas:

Diario de gratitud

Fecha: Día:

El mejor momento de hoy:

_____
_____
_____
_____

Cosas por las que estoy agradecido hoy:

1._____
2._____
3._____

Alguien por quien estoy agradecido hoy:

_____
porque _____
_____

Notas:

Diario de gratitud

Fecha:	Día:

El mejor momento de hoy:

_____

_____

_____

_____

Cosas por las que estoy agradecido hoy:

1._____

2._____

3._____

Alguien por quien estoy agradecido hoy:

_____

porque _____

_____

Notas:

Diario de gratitud

Fecha:	Día:

El mejor momento de hoy:

_____
_____
_____
_____

Cosas por las que estoy agradecido hoy:

1._____
2._____
3._____

Alguien por quien estoy agradecido hoy:

_____

porque _____

_____

Notas:

Diario de gratitud

Fecha:	Día:

El mejor momento de hoy:

_____
_____
_____
_____

Cosas por las que estoy agradecido hoy:
1._____
2._____
3._____

Alguien por quien estoy agradecido hoy:
_____
porque _____
_____

Notas:

Diario de gratitud

Fecha: Día:

El mejor momento de hoy:

_____
_____
_____
_____

Cosas por las que estoy agradecido hoy:

1._____
2._____
3._____

Alguien por quien estoy agradecido hoy:

_____

porque _____
_____

Notas:

Diario de gratitud

Fecha:	Día:

El mejor momento de hoy:

_____

_____

_____

_____

Cosas por las que estoy agradecido hoy:

1._____

2._____

3._____

Alguien por quien estoy agradecido hoy:

_____

porque _____

_____

Notas:

Diario de gratitud

Fecha: _____ Día: _____

El mejor momento de hoy:

_____

_____

_____

_____

Cosas por las que estoy agradecido hoy:

1._____

2._____

3._____

Alguien por quien estoy agradecido hoy:

_____

porque _____

_____

Notas:

Diario de gratitud

Fecha: Día:

El mejor momento de hoy:

_____
_____
_____
_____

Cosas por las que estoy agradecido hoy:

1._____
2._____
3._____

Alguien por quien estoy agradecido hoy:

_____

porque _____

_____

Notas:

Diario de gratitud

Fecha:	Día:

El mejor momento de hoy:

_____
_____
_____
_____

Cosas por las que estoy agradecido hoy:

1._____
2._____
3._____

Alguien por quien estoy agradecido hoy:

_____

porque _____
_____

Notas:

Diario de gratitud

Fecha:	Día:

El mejor momento de hoy:

_____

_____

_____

_____

Cosas por las que estoy agradecido hoy:

1._____

2._____

3._____

Alguien por quien estoy agradecido hoy:

_____

porque _____

_____

Notas:

Diario de gratitud

Fecha: _____ Día: _____

El mejor momento de hoy:

_____

_____

_____

_____

Cosas por las que estoy agradecido hoy:

1._____

2._____

3._____

Alguien por quien estoy agradecido hoy:

_____

porque _____

_____

Notas:

Diario de gratitud

Fecha: _____ Día: _____

El mejor momento de hoy:

_____
_____
_____
_____

Cosas por las que estoy agradecido hoy:

1._____
2._____
3._____

Alguien por quien estoy agradecido hoy:

_____

porque _____

_____

Notas:

Diario de gratitud

Fecha: _____ Día: _____

El mejor momento de hoy:

_____
_____
_____
_____

Cosas por las que estoy agradecido hoy:

1._____
2._____
3._____

Alguien por quien estoy agradecido hoy:

_____

porque _____

_____

Notas:

Diario de gratitud

Fecha:	Día:

El mejor momento de hoy:

_____

_____

_____

_____

Cosas por las que estoy agradecido hoy:

1._____

2._____

3._____

Alguien por quien estoy agradecido hoy:

_____

porque _____

_____

Notas:

Diario de gratitud

Fecha: Día:

El mejor momento de hoy:

_____
_____
_____
_____

Cosas por las que estoy agradecido hoy:

1._____
2._____
3._____

Alguien por quien estoy agradecido hoy:

_____

porque _____

_____

Notas:

Diario de gratitud

Fecha:	Día:

El mejor momento de hoy:

_____
_____
_____
_____

Cosas por las que estoy agradecido hoy:

1._____
2._____
3._____

Alguien por quien estoy agradecido hoy:

_____

porque _____

_____

Notas:

Diario de gratitud

Fecha: _____ **Día:** _____

El mejor momento de hoy:

_____

_____

_____

_____

Cosas por las que estoy agradecido hoy:

1._____

2._____

3._____

Alguien por quien estoy agradecido hoy:

_____

porque _____

_____

Notas:

Diario de gratitud

Fecha: Día:

El mejor momento de hoy:

_____

_____

_____

_____

Cosas por las que estoy agradecido hoy:

1._____

2._____

3._____

Alguien por quien estoy agradecido hoy:

_____

porque _____

_____

Notas:

Diario de gratitud

Fecha:	Día:

El mejor momento de hoy:

_____
_____
_____
_____

Cosas por las que estoy agradecido hoy:

1._____
2._____
3._____

Alguien por quien estoy agradecido hoy:

_____

porque _____

_____

Notas:

Diario de gratitud

Fecha:	Día:

El mejor momento de hoy:

_____
_____
_____
_____

Cosas por las que estoy agradecido hoy:

1._____
2._____
3._____

Alguien por quien estoy agradecido hoy:

_____
porque _____
_____

Notas:

Diario de gratitud

El mejor momento de hoy:

_____

_____

_____

_____

Cosas por las que estoy agradecido hoy:

1._____

2._____

3._____

Alguien por quien estoy agradecido hoy:

_____

porque _____

_____

Notas:

Diario de gratitud

Fecha: _____ Día: _____

El mejor momento de hoy:

_____

_____

_____

_____

Cosas por las que estoy agradecido hoy:

1._____

2._____

3._____

Alguien por quien estoy agradecido hoy:

_____

porque _____

_____

Notas:

Diario de gratitud

Fecha:	Día:

El mejor momento de hoy:

_____
_____
_____
_____

Cosas por las que estoy agradecido hoy:
1._____
2._____
3._____

Alguien por quien estoy agradecido hoy:

_____
porque _____

_____

Notas:

Diario de gratitud

Fecha: _____ Día: _____

El mejor momento de hoy:

_____

_____

_____

_____

Cosas por las que estoy agradecido hoy:

1._____

2._____

3._____

Alguien por quien estoy agradecido hoy:

_____

porque _____

_____

Notas:

Diario de gratitud

Fecha:	Día:

El mejor momento de hoy:

_____
_____
_____
_____

Cosas por las que estoy agradecido hoy:

1._____
2._____
3._____

Alguien por quien estoy agradecido hoy:

_____

porque _____
_____

Notas:

Diario de gratitud

Fecha:	Día:

El mejor momento de hoy:

_____
_____
_____
_____

Cosas por las que estoy agradecido hoy:

1._____
2._____
3._____

Alguien por quien estoy agradecido hoy:

_____

porque _____
_____

Notas:

Diario de gratitud

Fecha:	Día:

El mejor momento de hoy:

_____
_____
_____
_____

Cosas por las que estoy agradecido hoy:

1._____
2._____
3._____

Alguien por quien estoy agradecido hoy:

_____

porque _____

_____

Notas:

Diario de gratitud

Fecha: Día:

El mejor momento de hoy:

_____
_____
_____
_____

Cosas por las que estoy agradecido hoy:

1._____
2._____
3._____

Alguien por quien estoy agradecido hoy:

_____

porque _____

_____

Notas:

Diario de gratitud

Fecha: _____ Día: _____

El mejor momento de hoy:

_____
_____
_____
_____

Cosas por las que estoy agradecido hoy:

1._____
2._____
3._____

Alguien por quien estoy agradecido hoy:

_____

porque _____

_____

Notas:

Diario de gratitud

Fecha:	Día:

El mejor momento de hoy:

_____

_____

_____

_____

Cosas por las que estoy agradecido hoy:

1._____

2._____

3._____

Alguien por quien estoy agradecido hoy:

_____

porque _____

_____

Notas:

Diario de gratitud

Fecha:	Día:

El mejor momento de hoy:

_____
_____
_____
_____

Cosas por las que estoy agradecido hoy:

1._____
2._____
3._____

Alguien por quien estoy agradecido hoy:

_____

porque _____

_____

Notas:

Diario de gratitud

Fecha: Día:

El mejor momento de hoy:

_____

_____

_____

_____

Cosas por las que estoy agradecido hoy:

1._____

2._____

3._____

Alguien por quien estoy agradecido hoy:

_____

porque _____

_____

Notas:

Diario de gratitud

Fecha: Día:

El mejor momento de hoy:

_____

_____

_____

_____

Cosas por las que estoy agradecido hoy:

1._____

2._____

3._____

Alguien por quien estoy agradecido hoy:

_____

porque _____

_____

Notas:

Diario de gratitud

Fecha:	Día:

El mejor momento de hoy:

_____
_____
_____
_____

Cosas por las que estoy agradecido hoy:

1._____
2._____
3._____

Alguien por quien estoy agradecido hoy:

_____

porque _____

_____

Notas:

Diario de gratitud

Fecha: _____ Día: _____

El mejor momento de hoy:

_____

_____

_____

_____

Cosas por las que estoy agradecido hoy:

1. _____

2. _____

3. _____

Alguien por quien estoy agradecido hoy:

_____

porque _____

_____

Notas:

Diario de gratitud

Fecha: Día:

El mejor momento de hoy:

_____

_____

_____

_____

Cosas por las que estoy agradecido hoy:

1._____

2._____

3._____

Alguien por quien estoy agradecido hoy:

_____

porque _____

_____

Notas:

Diario de gratitud

Fecha:	Día:

El mejor momento de hoy:

_____
_____
_____
_____

Cosas por las que estoy agradecido hoy:

1._____
2._____
3._____

Alguien por quien estoy agradecido hoy:

_____

porque _____

_____

Notas:

Diario de gratitud

Fecha:	Día:

El mejor momento de hoy:

_____

_____

_____

_____

Cosas por las que estoy agradecido hoy:

1._____

2._____

3._____

Alguien por quien estoy agradecido hoy:

_____

porque _____

_____

Notas:

Diario de gratitud

Fecha:	Día:

El mejor momento de hoy:

_____
_____
_____
_____

Cosas por las que estoy agradecido hoy:

1._____
2._____
3._____

Alguien por quien estoy agradecido hoy:

_____

porque _____

_____

Notas:

Diario de gratitud

Fecha: _____   Día: _____

El mejor momento de hoy:

_____

_____

_____

_____

Cosas por las que estoy agradecido hoy:

1._____

2._____

3._____

Alguien por quien estoy agradecido hoy:

_____

porque _____

_____

Notas:

Diario de gratitud

Fecha:	Día:

El mejor momento de hoy:

_____
_____
_____
_____

Cosas por las que estoy agradecido hoy:

1._____
2._____
3._____

Alguien por quien estoy agradecido hoy:

_____
porque _____
_____

Notas:

Diario de gratitud

El mejor momento de hoy:

_____

_____

_____

_____

Cosas por las que estoy agradecido hoy:

1._____

2._____

3._____

Alguien por quien estoy agradecido hoy:

_____

porque _____

_____

Notas:

Diario de gratitud

Fecha: _____ Día: _____

El mejor momento de hoy:

_____
_____
_____
_____

Cosas por las que estoy agradecido hoy:

1._____
2._____
3._____

Alguien por quien estoy agradecido hoy:

_____

porque _____

_____

Notas:

Diario de gratitud

Fecha:	Día:

El mejor momento de hoy:

_____
_____
_____
_____

Cosas por las que estoy agradecido hoy:

1._____
2._____
3._____

Alguien por quien estoy agradecido hoy:

_____

porque _____

_____

Notas:

Diario de gratitud

Fecha: _____ Día: _____

El mejor momento de hoy:

_____

_____

_____

_____

Cosas por las que estoy agradecido hoy:

1._____

2._____

3._____

Alguien por quien estoy agradecido hoy:

_____

porque _____

_____

Notas:

Diario de gratitud

Fecha:	Día:

El mejor momento de hoy:

_____
_____
_____
_____

Cosas por las que estoy agradecido hoy:

1._____
2._____
3._____

Alguien por quien estoy agradecido hoy:

_____

porque _____

_____

Notas:

Diario de gratitud

Fecha:	Día:

El mejor momento de hoy:

_____
_____
_____
_____

Cosas por las que estoy agradecido hoy:

1._____
2._____
3._____

Alguien por quien estoy agradecido hoy:

_____

porque _____

_____

Notas:

Printed in France by Amazon
Brétigny-sur-Orge, FR

14293148R00071